AF509862

LA NOVVELLE

ESTOILLE APPARVE

dans le Sagittaire le mois d'Octobre dernier, & qui dure
encores à present.

A PARIS,

Par IEAN RICHER ruë S. Iean de
Latran à l'Arbre verdoyant.

1605.

Auec Permission.

FARRAGO

MISCELLANEA DE NOVA STELLA IN SAGITTARIO AB Octobri hactenus.

Meslanges d'opinions de la nouuelle estoille apparuë dans le Sagittaire le mois d'Octobre dernier, & qui dure encores à present.

D'Italie a esté escrit dans Florence, & enuoyé à Paris.

INCIRCA *à hore vna di notte appresso alle stelle di Gioue & di Saturno si scorge, e si vede da molti giorni in qua la stella grande lucidissima come vn argento purificato laquoale scintilla, tãto fuor di ordine che é cosa di gran merauiglia. Dicono che é sotto el segno di Sagittario e ecci gran disputa se e stella ò cometa.* C'est à dire,

Enuiron l'heure d'vne heure de nuict, au tour des estoilles de Iupiter & de Saturne, s'apperçoit & se void depuis beaucoup de iours en çà vne estoille grande tres-claire & lucide comme vn argét purifié, laquelle brille tant hors de l'ordre accoustumé & extraordinairement, que c'est chose de grand' merueille. Ils difent qu'elle eſt ſous le ſigne du Sagittaire, & y en a icy vne grande diſpute, ſi c'eſt vne eſtoille nouuelle ou vne comete.

Ceſte lettre eſt adreſſee à vn Gentil homme Florentin de preſent à Paris dez le mois d'Octobre.

D'allemagne a eſté auſſi veuë ladite eſtoille, & en a eſté faict vn liure en Aleman, dont eſt l'extraict dans le Catalogue de Frankfort, en ces termes,

Beſchreybung deſs Cometſterns deſs 1604. iars, ſampt deſſen lauff, hohe, groſſe, vnd VVirckung, durch Ioann Krabben. Franckfurth bey Sigmond Latomo vnd. 4. Magdeburg, bey Ioann. Francken in 4°. Et en François, c'eſt à dire,

La deſcription de l'eſtoille Comete de l'an 1604. auec le cours d'icelle, ſa hauteur, groſſeur & operation, par Iean Krabbe, Aſtrologue. Imprimé à Franckfort par Sigiſmond Latome, *in quartò.* A Magdebourg par Iean Franken *in quartò.*

Cy apres ſuiuent les opinions de diuers autheurs François ſpeculateurs des generations celeſtes. Dót nous rapporterons les dires d'Auenezra, Bugufar, Abenragel & autres touchant leſdites generations celeſtes & terreſtres. Et puis le iugement donné par le compilateur de ce meſlange preſent, & eſt grandement important de bien entendre ceſte diſpoſition des Aſtres, & les iugemens : le tout ſeulement pour exercer les eſprits curieux dignes de telles ſpeculations ſans aucune affirmation des effeĉts qui s'en pourront enſuiure, ſi Dieu le veut : Et quád il ſera ainſi auenu, nous dirons qu'il eſtoit bien predit ſous la reuerence de noſtre mere ſaincte Egliſe Catholique, Apoſtolique & Romaine.

NNO Christi 1604. die Iouis 22. O-
ctobris, cum essem Lutetiæ Parisiorum circa horam quintam pomeridianam, ani-
maduerti stellam rubicundulam, & lumine vibrantem, æqualem vel potius maiorem ca-
ne Syrio. Et cum vidissem steti protinus vt plagam
cæli considerarem: & aspexi in Occidente Saturnũ,
& versus Orientem Iouem & Martem: Quare mihi
facile fuit ex loco Iouis quem sciebam esse in Sagittario dijudicare locum ipsius stellæ quæ non longè a-
berat à Ioue ipso. Sic confestim arbitratus sum eam
esse in Sagittario. Et quia sciebam nullam esse in eo
signo stellam tantæ magnitudinis, dixi his qui me-
cum astabant, esse stellam nouam cum vibraret lu-
men præter morem, & non haberet crinem, neque
barbam, neque caudam: Ab hoc tempore diligen-
tiùs examinaui rem ipsam: Itaque cum essem pri-
mum reuersus quippe ad lares proprios, die 3. No-
uẽbris, per instrumenta obseruaui locũ stellæ quãtum
potui exactè, & reperi esse in 19. Sagit. in latitudine
Septentrionali grad. 1. 30. vbi nulla est stella fixa,
quare sine dubio iudicaui esse stellam nouam. De-
inceps procuraui vt à multis consideraretur, & præ-
cipuè ab amico & familiari nostro Ludouico Mart.
Horologopæo, in talibus satis perito: & noui-
mus quod Sol. deinde Saturnus per eum locum transierunt; posteà Mercurius, & postremò Venus; Luna
autem multoties: Sed mirum fuit quod nunquam

A iij

potuimus videre coniunctiones propter cælum in cõ-
iunctionibus semper nubilosum : Sed post coniunctionem cælo sereno facto videbantur Planetæ orien-
tales qui fuerant occidentales stellæ , ex quo coniunctionem factam esse licebat inferre . Quod igitur
optabamus non sumus assequuti dignoscere quippe
si suprà vel infrà Lunam perciperetur illa stella.
Quoties enim Luna appropinquabat stellam , &
applicabat ad coniunctionem , toties cælum fuit op-
pletum nubibus, & in pluuiam conuersum nostro
magno incommodo : Nec satis possumus affirmare
an re vera mota sit loco nec ne , quamuis ille noster
amicus retulerit quasdam obseruationes per quas
constare potest illam nunc esse in 13. Sagittarij, quo-
modo in antecedẽtia mota esset : sed mihi planè non
liquet : hodie autem orientalis est à Sole , & visitur
ante Solis ortum non tãtæ magnitudinis quam priùs ,
& deficere paulatim videtur.

Quæstio nunc est aduersus Peripateticos qui con-
tendunt nihil nouum fieri in cælo ne non æternum
fateri cogantur : eorum enim sequaces nouam esse
stellam in cælo negabunt , & infrà Lunam esse tale
Phænomenon mordicus sustinebunt : Sed si solũ Peripatetici sunt, eos vt minus capaces quæstionis reij-
ciemus, quandoquidem nec vltra crepidam crepida-
rio, nec de coloribus cæco disceptare licet : Astrologi
stellas nouas apparere & disparere obseruarunt , &
Hystoriographi talia literis mandarunt; Hipparchus

referente *Plinio lib.* 2. *c.* 26. *nat. hist. Nouam stel-*
lam & aliam in æuo suo generatam deprehendit : Et
cum *Hipparchus, vt idem testatur Plinius, omnium*
fuerit stellarum fixarum indagator sagacissimus, cū
eo stellas nouas oriri & apparere in cælis , non dubi-
tamus contra *Peripateticos* arbitrari : Sed nec ita
quæstio satis explicata est : nam dubitare licet an locus octaua, an in *Saturni, Iouis, aut Martis, aut*
alterius *Planetæ* sphera sit : ab adiunctis coniectari
possumus hoc modo : In confesso est apud *Astrono-*
mos stellas fixas ideò vibrare quod maxima earum
à terra sit distantia, *Planetas* non vibrare quia pro-
pinqui terræ sunt : hæc autem stella vibrat maximè :
hac itàque ratione erit in fixarū, non in aliqua *Pla-*
netarum sphæra. *Altera* fuerit obiectio , vibrant
Cometæ qui sine dubio infrà *Lunam* sunt , in centro
quidem vibrare videntur, non in crinibus , coma,
vel cauda : & quia hæc neque crines, neque comam,
neque caudam habet , non debet in horum numero
poni, quia maximè refert firmam fixare , tam parui-
tate corporis & lumine, quàm luminis vibratione.

Si hæc *Peripateticis* sufficerent, scrupulum faciliùs
adimere possumus , ne propterea cœlum corruptibile
putarent : Nam *Epicurus* eodem argumento vsus
est, putauit enim *Deum* humana non curare, nequid
diuinitati repugnans tribueret : atqui satis constat
Deum etiam si prouidentia sua regat omnia, & cu-
ram omnium gerēs cuncta conseruet : non ideò minus

diuinitatem retinere. Consequentia itàque quam
tenent, fallax est: Vt enim Deus diuina ratione humana curat, nihilque repugnans diuinitati suæ ad-
mittit, ita cœlum celesti ratione & sibi nequaquam
repugnäte noua ostendere phænomena potest. Sic a-
lioqui de immortali anima hac liceret argumentari,
mortalem esse omninò, quia mortalium anxia est:
Nemo autem sapiens id admiserit, quia modus est
immortalis quo ipsa vtitur circa mortalia mediante
corpore mortali: Sic Deus diuino, cœlum cælesti modo sua proferunt: Quare nobiscum sentiant sublata
magistri religione Peripatetici, & in mentem reuo-
cent tempus veritatis esse parens, veruntamen sit
cœlum immortale vel corruptibile, im præsentiarum
nihil refert, hoc videant phænomenon & iudicent.

Eiusdem generis stella apparuit anno Christi do-
mini 1572. in mense Octobri in Cassiopæa cathedrá,
in signo Tauri, quæ disparuit 18. Feb. 1574. qua die
Henricus Valesius Regis Franciæ tunc frater germa-
nus Cracouiam Poloniæ ingressus est (quòd à multis
notatum est) Quid ipsa significabat tunc ignoratum
fuit, nec enim expedit vulgò futura innotescere.
Sciri tamen potuit ex signo Tauri vbi erat stella: nam
huic signo Polonia maior subycitur, & ex delinea-
tione partium 5. 4. Borea, vnde verticalis Poloniæ
videbatur: Tempus autem & quæ ab hoc tempore
gesta sunt docebit mortales, non frustra talia videri
recordemur ipsam stellam durasse menses 17. & ad

1572. addamus 17. fiet summa 1589. quo anno Henricus ipse post quam est Francorum & Poloniæ regna adeptus interijt. Sic temporibus Hipparchi qui plures vidit eiusmodi stellas, reges noui subinde oriebantur: Florebat enim paulo post mortem Alexandri magni, ætate Philadelphi. Itaque constat tales nouas stellas significare Reges nouos: Nec tamen licet inferre omnibus eosdem exitus contingere. Quid de hac quæ nunc apparet coniectura consequi in præsens valeo tale est breuiter.

Promittit nouum Regem his regionibus quæ subiacent Sagittario, & quæ eam habent verticalem vel earum alicui. Locus est in 19. Sagit. in quo gradu Iupiter & Mars fuerunt coniuncti, & ibi sua vestigia fixerunt relinquentes hanc stellam. Post quorum discessum omnes alij Planetæ eodem transierunt & corpori coniungi potuerunt, quia iuxta eclipticam est locus: itaque tale regnum erit fortificatum ex multis confluentibus gentibus. Cum etiam tres superiores Saturnus, Iupiter & Mars, in eodem signo fuerint nuper copulati. Et quia apparet occidentalis, euentus erit tardior quàm si fuisset orientalis. Ideo hic Rex ab Occidente promissus est iuxtà illud, Qui ascēdit super occasum, Dominus, nomē illi. Reliqua accidentia quæ promittuntur mundo ex his constellationibus pertinent ad Doctores: & fiet magna mutatio in Ecclesiasticis rebus, in mutatione loci sedis quę ab occidēte reducatur in

orientem, nimirū in Ierusalem, nā hic Sagitt.
in 9ᵃ. symbolum habet cū equo albo Apoc.
Multa ergo tribulationes erūt in hoc statu hominū,
& cupiditas regum emerget magna congregādarum
pecuniarum, quia Sagittar. est signum Iouis metal-
lorum auri & argenti demonis. Illa cupiditas Regum non erit gentium, sed virorum præscientia &
magnanimitate regiorū, eo quod Sagittarius est signum nona domus in mundo quæ religionem &
scientias habet. Fiet ergo depressio, ruinæ, & cædes
multorum nobilium propter pecunias. Hostes etiam
Franciæ deprimentur, eo quòd Sagit. est signum
duodecimæ domus regni Franciæ, cuius ex Manilio
ascendens est Capricornus: Et quando (vt quidam
volunt) esset Cancer ascendens Galliæ, quia Sagit.
est in sexto loco, manebit semper tristitia & firmitas
hostibus Galliæ: Ad quod etiam facit hora coniun-
ctionis Iouis & Martis quæ ex Ephemeride Stadij
fuit prima post meridiē die 6. Octobris 1604. quo
tēpore ascendens (fuit 26.) erant in domo duodeci-
ma: Itaque inimici Francorum mæroribus confecti
& infortunati per hanc coniunctionem censentur:
Hæc ni fallor significantur: Mala omnia auertat, &
in melius conuertat Deus opt. max. Amen.

Sub iudicio S. C. A. & Rom. Ecclesiæ.

L'AN de noſtre Seigneur 1604. vn iour de Ieudy 22. Octobre, comme i'eſtois à Paris, enuiron 5. heures apres midy, i'obſeruay vne eſtoille rougeaſtre, qui brilloit ſa lueur, & qui eſtoit pareille en grandeur ou meſmes plus grande que la Canicule, & comme ie l'eus veuë ie m'arreſtay ſoudain afin de conſiderer la region du Ciel, & apperceus en Occident Saturne, & vers Orient, Iupiter & Mars, parquoy il me fut facile de diſcerner par le lieu de Iupiter, lequel ie ſçauois eſtre au Sagitaire, qu'elle eſtoit le lieu de ceſte Eſtoille, qui n'eſtoit pas loin de Iupiter meſme. Ainſi ſoudain ie penſay qu'elle eſtoit au Sagitaire : Et parce que ie ſçauois qu'il n'y auoit point d'Eſtoille en ce ſigne la d'vne telle magnitude, ie dis à ceux qui eſtoient auecques moy, que c'eſtoit vne Eſtoille nouuelle, veu qu'elle eſlançoit ſa lumiere brillante de la façon, plus que n'eſt la couſtume des Eſtoilles, & puis elle n'auoit ny crins, ny barbe, ny queuë, & en ce temps la ie l'examinay plus diligemmét en toute l'affaire. Et partant cóme i'eſtois à P. de retour, à ſçauoir en ma maiſon, le 3. iour de Nouembre, i'obſeruay par les inſtruments le lieu de l'Eſtoille autant que ie peus exactement, & trouuay qu'elle eſtoit au 19. du Sagitaire en latitude Septentrionale d'vn degré & 30. minutes, là où il n'y a aucune Eſtoille fixe : parquoy ſans doute ie iugeay que c'eſtoit vne Eſtoille nouuelle: Delà en hors ie procuray qu'elle fuſt conſiderée de pluſieurs, & principalement d'vn mien amy & familier Loys Mar. Horlogeur, aſſez expert en telles choſes, & nous recogneuſmes que le So-

Ieil apres Saturne auoient passé par ce lieu là, puis apres Mercure, & finalement Venus : mais quant à Mercure plusieurs fois ; mais cela fut merueilleux que iamais nous ne peusmes voir les conionctions, d'autant que le Soleil durant icelles auoit esté perpetuellement nubileux, mais apres lesdites conionctions le Ciel estant fait serain, les Planettes sembloient estre plus Orientaux que l'Estoille, ceux-la mesmes qui auoient esté en apparence plus Occidentaux : dont il estoit loisible d'inferer que la conionction estoit faicte. Ce que donc nous desirions d'obtenir nous ne le peusmes attendre, qui estoit de discerner si ladite Estoille estoit au dessus ou au dessous de la Lune : car toutes les fois que la Lune approchoit de l'Estoille le Ciel se remplissoit tout de nuées, & se conuertissoit en pluye auec vne grãde incommodité. Et ne pouuons pas bien affermer si elle a changé de lieu, ou non : Combien qu'iceluy nostre amy nous ait rapporté quelques obseruatiós par luy faictes, par lesquelles il se peut conter, que maintenant icelle Estoille est au 13. du Sagitaire, par ce moyen elle auroit faict son mouuement par precedence : mais il ne me semble point bien pleinemét. Or auiourd'huy elle est Oriétale, au regard du Soleil, & se void deuant le leuer du Soleil, non pas d'vne si grande magnitude comme auparauant, & semble qu'elle diminue peu à peu.

Maintenant c'est vne question contre les Peripateticiens, qui debatent que rien ne se faict de nouueau au Ciel, de peur qu'ils ne soyent cõtraints de confesser qu'il n'est pas Eternel : car ceux qui les suiuent, nyeront qu'il y ait de nouuelle estoille au

Ciel,& souſtiendront aſprement qu'vne telle Phenomene eſt au deſſous de la Lune. Mais s'ils ſont tãt ſeulement Peripateticiens, nous les reietterons comme n'eſtans point capables de la queſtion: d'autant qu'il n'eſt licite à vn Cordonnier de diſputer plus oultre que d'vne pantoufle , & à l'aueugle de iuger des couleurs. Combien que les Aſtrologues ont obſerué que de telles eſtoilles nouuelles ont accouſtumé d'ainſi apparoiſtre & diſparoiſtre: Et les Hiſtoriographes ont mis cela par leurs eſcripts. Comme l'Aſtrologue Hipparchus au recit de Pline a deſcouuert en ſon temps vne telle Eſtoille, & encore vne autre au liure ſecond chap. 26. de l'Hiſtoire naturelle. Et comme le meſme Hipparchus, ſelõ le teſmoignage de Pline a eſté jadis tres-expert ſpeculateur des eſtoilles fixes , nous ne doutons point de ceſte opinion apres luy, qu'il y a des eſtoilles nouuelles qui naiſſent & apparoiſſoient au Ciel,cõtre l'aduis des Peripateticiens. Mais encore ainſi meſme la queſtion n'eſt pas ſuffiſammét expliquée: carlon peut douter ſi le lieu de cette nouuelle eſtoille eſt au huictieſmeCiel,ou bien en la ſphere de Saturne , de Iupiter , ou de Mars , ou d'autre Planette.

Nous prouons en dire encore quelque choſe par cõiecture,en ceſte façon.Cela eſt accordé entre les Aſtronomes , que la raiſon pourquoy les eſtoilles fixes brillent, & de leurs rayons, c'eſt d'autant qu'elles ont vne tres-grande diſtance de la terre. Mais les Planettes ne brillent poinſt , à cauſe qu'ils ſont plus proches de la terre.Or cette eſtoille brille grandement,partant ſelon cette raiſon elle ſera dãs la fphre des eftoilles fixes, non pas en quelqu'vne des planetes.

Il y a auffi vne autre obiection, que les Cometes brillent, lefquelles fans doute font au deftours de la Lune, fçauoir eft qu'elles femblent briller dás leur centre, non pas aùx crins, ny en la queuë. Et d'autant que cette cy n'a ny crins, ny cheuelure, ny queuë, elle ne doit eftre mife au nombre d'icelles: d'autant qu'elle rapporte ptincipalement la forme des eftoilles fixes, tant pour la petiteffe de fon corps, & pour fa lueur, que pour le brillement de ladite lueur: Si les chofes fuffifoyent aux Peripateticiens nous pourrions plus facilement leur ofter le fcrupule, que pour cette occafion, ils ne penfaffent pas d'auantage, que le Ciel fuft corruptible: car Epicure a vfé d'vn mefme argument, quand il a dit, que Dieu n'auoit point de foin des affaires humaines, ce qu'il difoit, à fin qu'il n'attribuaft vne chofe repugnante à fa diuinité. Mais il confte affez qu'iceluy encore que par fa prouidence il regiffe toutes chofes, & ayant foin de toutes chofes il les conferue, pour cela pourtant, il ne retient pas moins l'honneur de fa diuinité. Parquoy la cófequence qu'ils en tiennent eft fallacieufe: car comme Dieu procure les chofes humaines par moyens diuins, & n'admet pour cela en foy rien qui foit repugnant à fa diuinité: ainfi le Ciel par moyen celefte, & qui n'eft point repugnant à foy-mefme, peut demonftrer de noueaux Phenomenes. Ainfi d'autre part il feroit loifible d'arguméter, que l'ame humaine fuft mortelle: par-ce qu'elle eft en foucy des chofes mortelles: mais nul homme fage n'admettroit cela, par ce que le moyen eft immortel,

duquel elle vſe enuers les choſes mortelles, moien-
nant le corps mortel. Ainſi Dieu met en auant ce
qui eſt de ſoy par vn moyen diuin, & le ciel ce qui
eſt auſſi de ſoy par vn moyen celeſte. Que donc
les Peripateticiens ſoient de noſtre aduis, laiſſant à
part l'obſeruance d'Ariſtote leur maiſtre, & qu'ils
ſe reduiſent en memoire que le temps eſt le pere de
la verité: Toutesfois pour le preſent il n'importe
que le ciel ſoit immortel ou incorruptible, que ſeulement ils prennét garde à ce phenomene, & qu'ils
en dient leur aduis.

Il apparut l'an de noſtre Seigneur Ieſus-Chriſt
1572. vne eſtoille de meſme ſorte au mois d'Octobre en la Caſſiopée Image celeſte boreale & en ſa
chaire dans le ſigne du Taureau, laquelle diſparut
le 18. Feurier 1574. auquel iour Henry de Vallois,
lors frere propre du Roy de France Charles (& qui
eſt le Roy dernier decedé) entra dans Cracouie
ville capitale de Polongne (ce qui a eſté notté de
pluſieurs) lors on ne ſçeut point que c'eſt qu'elle
ſignifioit : car auſſi il n'eſt pas expedient que les
choſes aduenir ſoient manifeſtees au peuple : Toutesfois il euſt peu ſe ſçauoir, à cauſe du ſigne du
Taureau, là où eſtoit l'eſtoille, car la haute Polo-
gne eſt ſujette à iceluy ſigne, & à cauſe de ſa de-
clination boreale de cinq degrez quatre minutes,
dont elle ſembloit eſtre verticale ſur la Polongne.
Or le temps qui ſuiuit & les affaires qui ſuruindrent
puis apres, ont bien monſtré que ce n'eſt pas en
vain que telles eſtoilles ſont veuës : Souuenons
nous que ceſte eſtoille là dura dix ſept mois : & puis
adjouſtons au nombre de 1572. le nombre de dix-
ſept (mois pour an) c'eſt en ſóme toute 1589. nom-

bre de l'année en laquelle ledict Roy Henry ayant
obtenu les deux Royaumes de France & de Polo-
gne mourut: Ainsi ez temps de l'Astrologue Hi-
parchus, qui a veu dez lors plusieurs telles estoilles,
de noueaux Roys se leuoient l'vn apres l'autre: car
Hipparchus fleurissoit vn peu apres la mort d'Ale-
xandre le Grand au temps du Roy Ptolemée Phi-
ladelphe d'Egypte: Parquoy il conste que telles e-
stoilles signifient de nouueaux Rois: & toutesfois
il n'est pas loisible de conclurre que de toutes telles
estoilles il s'ensuiue detels euenemens. Quant à ceste cy qui se void de present, ce que i'en puis coniecturer, tel en est mon aduis en peu de paroles. Elle promet vn nouueau Roy aux regions qui sont
subiettes au Sagitaire, & qui l'ont pour leur verti-
ca, ou biensi ce n'est à toutes lesdictes Regions,
c'est à quelqu'vne d'icelles.

Le lieu où elle est se trouue au 19. degré du Sagitaire, auquel degré Iupiter & Mars ont esté conioints, & là ont marquee fixement, leurs traces y de-
laissans apres eux ladite estoille: Apres le depart
desquels, Iupiter & Mars, tous les autres planettes
ont passé par là mesme, & ont peu y estre conioints
par corps, par ce que ce lieu là est aupres de
l'ecliptique. Parquoy ce regne là de ce nouueau
Roy sera fortifié d'vne grande affluence de diuers
peuples: veu mesmes que les trois planettes supe-
rieures Saturne, Iupiter & Mars ont esté n'agueres
assemblez au mesme signe. Et par ce qu'elle est apparuë Occidentale, l'euenement en sera plus tar-
dif que si elle eust esté Orientale: aussi pour ceste
raison est-il promis de l'Occident vn tel Roy, selon
le dire du Prophete: Celuy qui est monté sur l'Oc-

cident, son nom est *le Seigneur*, qui a le droict.
Les autres accidens qui sont promis au monde
par ces constellations, appartiennent aux Do-
cteurs, pour en decider. Or il se fera vn grand
changement aux affaires de l'Eglise, d'autant
que le Sagitaire est le signe de la neufiesme maison, au regard du monde, laquelle signifie la religion & les sciences, auec les grands voyages
en diuers & loingtains pays, qualitez qu'aura
ledit Roy nouueau. Et aucuns estiment qu'il
y aura translation du S. Siege, qu'ils disent deuoir retourner de l'Occident en Orient, assauoir
en Ierusalem: car le Sagittaire dans la neufiesme
a correspondance auec le cheual blanc de l'A-
pocalipse, selon aucuns. Il y aura donc de grandes tribulatiõs entre les hommes en vn tel estat:
Et y aura vne grande cupidité entre les Roys
d'amasser de l'or & de l'argent: Et ceste cupidité des Roys ne sera pas des Gentils, mais des
hommes de qualité Royale, à cause de leur sciē-
ce & magnanimité: Car le Sagittaire est le signe
de Iupiter qui preside au Demon des metaux
d'or & d'argent: Parquoy il se fera vne grande
oppression, ruine & meurtre de plusieurs no-
bles, à cause de la pecune & de l'argent: aussi les
ennemis de France seront deprimez, à cause que
le Sagittaire est le signe de la douziesme maison
du royaume de France, duquel l'ascendant,
selon Manilius, est le Capricorne: Et quand bien
ce seroit Cancer (comme aucuns veulent) d'autant que le Sagittaire viendroit en la sixiesme,
tousiours il s'en attendroit vne tristesse & vne
infirmité aux ennemis de la France, & sans lais-

fer l'opinion plus cõmune que ce soit, ains tou-
fiours le Sagittaire eftant en la neufiefme, bat-
toit de fon quadrat infortuné la douziefme
maifon : A quoy aufsi faiɛt l'heure de la conion-
ɛtion de Iupiter & de Mars qui a efté par les E-
phemerides de Stadius vne heure aprés midy le
6. iour d'Oɛtobre 1604. auquel temps l'afcendant a efté le 26. degré du Sagittaire : & Saturne,
Iupiter & Mars eftoiét en la douziefme maifon:
partant les ennemis des François feront abba-
tus & infortunez de triftefles. Voylà fi ie ne fuis
trompé, les chofes fignifiees par cefte eftoille.
Dieu tres-bon & tres-puiffant vueille deftour-
ner tout le mal & le conuertir en mieux. Amen.

De nouis ftellis. Ex Spagiro Theophrafto.

*In cælo interdum etiam oriuntur nouæ nec vnquam vifæ aliæ
ftellæ, indicantes nouam generationem hominum aliquando e-
tiam hominem nouum, qui talis non cenfetur qualis indicatur.
Indicant etiam interitum hujufmodi perfonarum ita vt deijcian-
tur hoc eft vt potens de fuo throno deponatur. Harum fatum eft
ex illis quæ indicant & curfum fuum tenent fuper his apud quos
operantur. Corpus etiam fuum defumunt ex eorumdem afcen-
dentibus, in planetis & Zodiaco. Vnde illis quodam modo fimi-
les fiunt fecundum formam ex qua concordantia nafcitur: cujus
ergo afcendens & planeta certus & cognitus eft is ex ipfa reɛtè
cognofci poteft. Hujufmodi ftellæ mirabiles aliæ multæ exiftũt ex
planetis eorum quos præfagiunt obfcuro fplendore & forma præ-
cedentes, nec ftellæ hujufmodi vnquam nafcuntur nifi homo ille
infignis aut fit aut erit. Ex ftellis iftis omnibus nulla eft naturalis,
fed ex fatis vniuerfa nafcuntur non ex natura fuperiorum.*

Theophrafte le Spagire. Des nouuelles eftoilles.

Quelquesfois aufsi dans le ciel il s'engendre
de nouuelles eftoilles, & qui n'ont iamais efté
veuës auparauant, lefquelles monftrent qu'il fe
fera vne nouuelle generation d'hommes, en

qualitez quelquesfois vn nouuel homme grand
personnage, qui n'eſt pas eſtimé tel comme il
eſt demonſtré par ladite nouuelle eſtoille : auſſi leſdites eſtoilles monſtrent la perdition detel-
les perſonnes, tellement miſes bas & dejettees,
c'eſt à dire, qu'vn tel perſonnage eſtant puiſſant
ſoit depoſé de ſon troſne. Leur [a] fatum c'eſt à dire prediction eſt des choſes qu'elles demon-
ſtrent & tiennent leurs cours ſur ceux enuers leſ-
quels elles operent. Auſſi elles prennent leurs
corps de leurs aſcendans ez planettes & au Zo-
diac. Dont elles ſont faictes aucunement ſem-
blables à iceux, ſelon la forme de laquelle pro-
cede leur correſpondance : Celuy donc duquel
l'aſcendant & le planette eſt cognu & certain,
iceluy peut droictement eſtre cognu d'icelle
nouuelle eſtoille. [b] Il y a pluſieurs autres telles e-
ſtoilles admirables procedantes des planettes
de ceux qu'elles ſignifient & preſagiſſent par v-
ne ſplendeur obſcure & forme (imparfaicte)
[c] Et iamais telles eſtoilles ne viennent à naiſtre,
ſinon qu'vn tel homme eſt deſià, ou qu'il ſera
toſt apres. De toutes ces eſtoilles il n'y en a pas
vne qui ſoit naturelle, mais elles naiſſent toutes
des deſtins, non pas de la nature des [d] aſtres ſu-
perieurs.

[a] *Le fatum* eſt le decret de Dieu qu'vne telle
ou telle choſe ſoit auant qu'elle fuſt: & pour l'entendre il y a trois termes *fatum, imarmene, phiſis.*
Le fatum eſt le verbe prophorique intellectuel
par lequel toutes choſes ſont ordonnees d'eſtre,
ce qu'elles ſerót. L'imarmene eſt l'entreſuite des
cauſes ſuperieures, moyennes & inferieures. La

Phisis est l'ordre des especes en la procreation.
b Cela est deduit par Meſſahala & par Almadel
Arabe en l'abiſme Sideral dit par eux *Phomathã*,
c'est *qualidiction* .i. Ordonnance des qualitez.

c   Car toute forme qui n'est materiellement
informante, ſa matiere est en perpetuel attraits
enuers elle.

d   Comme ſont les comettes & pogonats.

Ex Adepto Spa.

Sit licet diſputatio an Gallia degat ſub Ariete vel Capricorno in quæſtione ſignificati huius ſtellæ parum vel nil intereſt,
quando iam ſatis conſtat Galliam non eſſe ſub Sagittario ne tale ſignum dicatur aliquid minarum inferre Galliæ vel ſuo regi
quem dicunt habere Scorpionem in aſcendente: ſed nec his qui
Leonem habent. Reſtat igitur vt dicamus quod collocato illo ſi-
gno inter Capricornum & Scorpionem, ſed contra naturam & or-
dinem cœleſtis exercitus velut nouus tirannus: Ac conſequen-
ter contra diuinum inſtitutum vnde iam paulatim deficit, id de-
notat Sagitariorum eiuſmodi obſidionem à proximis aggredien-
dam iri ad eorum vſque funditus extirpationem, atque etiam bo-
norum ipſius regni attractionem, fieri in domos proximè ſibi ſuc-
cedentium Capricorniſtarum atque ſimul Scorpioniſtarum præ-
cellentium Principum regia ſua ſede omni æuo antecedentium ip-
ſum Sagittarÿ regnum, & contra maximè inſiſtentium faſtum.
Ad quod futurum eſt, vt quemadmodum proprium Sagittarÿ
eſt non niſi per incurſionem referre aliorum gloriam: ſic nil magis
æquius ſit ac naturale hanc male partam male dilabi, eodem
modo atque ſpoliationibus illatis ab alÿs in ſeipſum, nimirum à
Capricorniſtis ac Scorpioniſtis, Arietiniſque, atque etiam Leo-
ninis. Namque hoc ſignum Sagittarÿ vt iam proximè interci-
pi à Capricorno & Scorpione conſtat: ita ab Ariete & Leone
ex trigono quaqua verſum: & ne quis ad ius direptionis regni,
velit tribuere iſti inſolenti Sagittario aduerſus Arietem & Leonem adhuc incautus eſt, & ignarus virtutum cœli: nimirum ab
iſtis quatuor Capricorniſtis, Scorpioniſtis, Arietinis & Leoni-
nis virtus ſua non facile adimitur vt à cæteris, vt doctior Spa-
girus iamdudum annotauit: Quare vt æquus arbitrio humano
facile redigitur in capiſtrum vt omnem amittat libertatem: Ita
conſequens habetur hoc regnum quorum & mulorum Sagitta-

vij alligari ac circundari & pungi calcarijs Scorpionistæ princi-
pis & inuolui ac lancinari Capricornistarum cornibus, seu Arie-
tinorum impetiri, & dentibus bouinorum dilacerari. Hæc enim
sunt trigona signa iræ & inflammationis, vnde ista est Sagit-
tario conuulsio, quæ nil aliud indicat quam propriam sui resolu-
tionem atque consumptionem. Similiter ac in quibusdam clima-
tibus Cometæ generantur, ac messis tempus causatur, quando
mutatio huius regionis attingit suum finem.   Talis enim hæc al-
teratio in Sagittario est, et hanc patitur Sagittarius intrinsecus:
Ergo sui ipsius combustionem designat euidentissimè.

Combien qu'il y a vne difpute, affauoir fi la
Gaule on la France eft deffous le figne du Mou-
ton ou fous le figne du Capricorne : Il n'importe pas quant à la queftion de ce que fignifie cefte
nouuelle eftoille : veu que defià il confte affez
que ladite Gaule ou France n'eft point foubs le
Sagittaire : Et ce afin qu'vn tel figne ou eftoille
ne foit point dite fignifier quelques menaces à
la Gaule, ou à la France, ou à fon Roy, lequel aucuns difent auoir le Scorpion en l'afcendant, ny
auffi mefme à ceux qui ont le Lyon.

Il refte donc que nous difions qu'eftant col-
loqué ce figne ou eftoille nouuelle entre le
Scorpion & le Capricorne, mais contre la nature & l'ordre de l'exercite celefte : côme vn nouueau Tyran : & confequemment contre l'ordonnance diuine, à caufe dequoy peu à peu def-
jà elle deffaut. Eftant donc ainfi elle fignifie que
les Sagittariftes feront attaquez par leurs voifins iufques à leur totale extirpation de fonds
en comble : Et auffi que l'attraction de leurs
biens fe fera dans les maifons de leurs voifins
qui leur fuccedent de plus prez en la figure celefte, à fçauoir les Capricorniftes, & auffi des
Scorpioniftes qui font Princes precellens par

deſſus eux , & monſtre encore qu'ils ſeront dé-
mis de leur dignité royale: Et auſſi monſtre l'or-
gueil de ceux qui precedent iceluy regne du Sagittaire, & qui y inſiſtent principalement, ſi
bien que comme c'eſt le propre d'vn Roy mar-
tial de ne rauir la gloire des autres , ſinon par les
incurſions & rauages: auſſi il n'y a rien plus e-
quitable ny plus naturel qu'vne telle gloire eſtāt
mal acquiſe s'en aille auſſi malemét par le moien
que par deſtrouſſemens faicts ſur luy par les autres, à ſçauoir ſur le Sagittaire par les Capricorniſtes & Scorpioniſtes & Arietins , & meſmes
par les Leoniſtes : Car ce ſigne du Sagittaire cō-
me il conſte qu'il eſt de proche en proche in-
terceptible entre le Scorpion & le Capricorne:
Auſſi eſt-il d'ailleurs aſſiegé d'vn trigone de part
& d'autre par l'Aries & le Lion . Et afin qu'aucun n'attribuë ce droict de rauagement au Sagitaire meſme : par ce ſigne inſolent vn tel eſt encore mal preuoyant & ignorant des vertus du
ciel. C'eſt aſſauoir que la vertu n'eſt pas facilement oſtee à ces quatre qui ſont les Capricorniſtes, Scorpioniſtes, Arietins & Leonins, comme elle ſe peut oſter aux autres, comme le plus
docte Spagire a noté long temps a. Parquoy cō-
me le cheual eſt facilement reduir en cheueſtre
au plaiſir de l'homme, tellement qu'il perd
toute ſa liberté : Ainſi eſt ce regne de cheuaux
& de mulets qui eſt du Sagittaire ſe peut lier &
mener au rond & eſtre picqué des eſperons d'vn
Prince Scorpioniſte, & eſtre enuelopé & caſſé
des cornes des Capricorniſtes, & eſtre choqué
des Arietins, & eſtre deſchiré des dents des Leo-

nins. Car ces signes sont en trigone & signe d'i-
re & d'inflammation: dont est ceste combustion
du Sagittaire, laquelle ne monstre autre chose
que sa propre resolution & consumption, tout
ainsi qu'en certains climats les comettes sont en-
gendrees, & est causé le temps de la moisson,
quand la mutation de ceste region atteint sa fin:
Car telle est l'alteration au Sagittaire, & le Sagitaire la souffre interieurement, donques elle de-
signe la combustion de soymesme tres-euidem-
ment.

Adition du Spagire Adepte.

Ladite estoille a esté veuë le deuxiesme iour
de May 1605. à deux heures apres midy, qu'elle
estoit ou sembloit estre fort petite & fort proche
du Meridien: & est encore la signification ma-
nifeste de grandes maladies d'inflammations ez
parties du corps où domine le signe du Sagittaire, qui est aux aines, & par consequent pestes
ignees, dont le mal saisira le cœur, & y aura aussi
des maladies de cerueau, fieures chaudes & fre-
netiques, qui ne se pourront guerir que par re-
medes tirés des substances mineralles & me-
talliques par les plus subtils artifices de l'art Spagirique. En quoy est à entendre que la monar-
chie Spagirique viendra en grande authorité &
esclaircissement, comme le denonce ceste nouuelle estoille. Et à vray dire semble qu'elle soit
expressément suruenuë pour denoter cestuy *E-*
lias artis qui reuelera les secrets des biens de la
nature, par lesquels Dieu fera iustice aux pau-
ures, lesquels sont en ces derniers siecles ou-
tragez au dernier degré de misere, qui est lors

que Dieu a promis leur enuoyer sa misericorde,
contre l'oppression des riches par son iugement
ignée que peu de gens peuuent entendre, sinon
que nous les renuoyerons à ce beau Psalme fi-
nal des œuures de Dauid, *Deus iudici um tuum re-*
gida, & iusticiam tuam filio Regis, &c. Et par ce
moyen se fera en fin vne reünion en bien des
Royaumes du Lyon, Aries & Sagittaire : car ils
sont en trigone : mais il faut que le iugement de
Dieu arriue deuant pour le chastiment des abus
en ceste partie.

M. Gottard Arthus de Dantzig.

Le troisiesme iour d'Octobre 1604. est apparuë vne nouuelle estoille invsitee qui est vn signe
que Dieu nous propose, afin que nous chan-
gions nostre vie & nos mœurs en mieux. Du
commencement on la prit pour l'estoille de Venus : mais puis apres par obseruation s'est trou-
uée estre vne estoille nouuelle qui toutes-fois
n'est pas comete : Et ce d'autant que ladite estoille estoit en Sagittaire, & celle de Venus estoit en
la balance. Et fut ainsi verifié entre le dix & vnziesme de Ianuier enuiron sept heures du ma-
tin, estant entre l'Orient & le Midy auprez de
l'estoille de Venus, tellement que l'vne se pou-
uoit aisément discerner de l'autre. Ceste estoille commença à paroistre le 3. d'Octobre au soir
vn peu apres six heures, estant au dixseptiesme
degré de Sagittaire, auec distance de l'Ecliptique d'vn degré & trente minuttes, estant Iupiter au dixseptiesme, le Saturne en l'vnziesme,
& le Mars au vingt deuxiesme degré : Et le dixies-
me iour de Nouembre enuiron cinq heures du
soir,

foir, il fe trouua ftationaire tendant à retrogra-
dation par l'Ecliptique vers la dextre du Ser-
pentaire & de là par le milieu du Cygne à laCaf-
fiopee, auquel lieu mefme fut veu l'autre comete l'an 1572. comme aucuns font memoratifs de
l'auoir obferué, felon Ptolemee, il eft fignifica-
tif de violence, cruauté, ruine, guerres & tempeftes. Et ils tiennent en general que cefte comete a efté embrafee du ciel, auec la conionctiõ
de Iupiter & de Mars qui fut le 26. de Septem-
bre dans la balance : combien qu'à caufe du téps
nubileux & obfcur on ne la pùt veoir iufques au
troifiefme d'Octobre, qui fut du tout libré de
telles tempeftes. De là ils denoncent par confe-
quent qu'il y aura de grandes mutations en l'E-
glife & ez polices. Et d'autant qu'il s'eft faict de
grandes conjonctions auec icelle comette, fçauoir eft de Saturne le 28. de Nouembre & du
Soleil le 29. iour dudit mois: Item de Mercure
le 13. de Decembre, ils iugent que par là font fignifiees diuerfes deliberations & confederatiõs
des grands, dont cefte annee prefente 1605. fera paroiftre les effets, & ce à caufe de plufieurs
infauftes conjonctions des Aftres, auec ladite comette, affauoir que dans le mois de May il y a eu
oppofition de Mercure à icelle comette le 15. de
May, & le 26. dudit mois fera la mefme oppofition de ladite comette auec Mars, & encore a-
uec le Soleil le 30. iour de May ladicte comette
entrera en oppofition, pour lefquelles oppofi-
tions outre les mutations diuerfes, cefte comette menace plufieurs Illuftres perfonnages de
mort par l'Efpagne, l'Angleterre, la Gaule, &

D

mefmes Belgique qui eſt Flandres ; auſſi meſmes autres perſonnes populaires.

D'autre part à cauſe que Venus ſe rendra en l'opoſition à icelle comette le 8. de Iuin ſuiuant: Ils decernent qu'il ſera fort malencontreux aux femmes tout partout.

Et d'autant que par vne infauſte radiation de l'aſpect quadratin ceſte comete regarde les deux maiſons de Mercure: aſſauoir les Gemeaux & la Vierge: ils craignent auſſi (non ſans raiſon) que les hommes doctes ſeront en vn pauure & miſerable eſtat par le meſpris qui ſera des bonnes lettres & arts liberaux & des ſciences.

En general ils diſent que ceſte comete amenera ſur pluſieurs peuples de grandes calamitez de guerre & de peſte, dont vne grande partie arriuera en la Germanie à cauſe de la diuerſité des religions, d'autant que ceſte comete preſente eſt participante des meſmes maux qu'amena quant & ſoy celle qui apparut l'an 1572. apres laquelle il s'enſuiuit de grandes guerres, longues & pernicieuſes à la Chreſtienté, & autres maux quand & quand, dont la Flandre, la Hongrie, la Tranſſiluanie, l'Eſpagne, l'Angleterre & la Gaule teſmoignent aſſez.

Extraict d'*Abenragel, &c.*

La Comete eſleuee par deſſus les Planetes, ſignifie vn changement du monde comme prodigieux, d'autant qu'elle prend ſa vertu plus principale des eſtoilles fixes & du firmament. Et d'autant que ceſte nouuelle eſtoille eſt ainſi eſleuee à cauſe de ſon brillement, comme il ſe peut coniecturer, il s'enſuiura vne grande mutation en la Religion.

Bugufar adiouſte que c'eſt ſigne qu'il ſe le-
uera vn grand Prophete, & dans le ſigne de Sagitaire qui commande à Babylone, que la ſecte
des Babyloniens s'esbranlera de nouueau & taſ-
chera de reduire toutes les autres à ſoy, dont eſt
à craindre que la preſente comete ou nouuelle
eſtoille ne ſoit le ſigne de l'Antechriſt duquel le
temps eſt pres.

Et meſmes Albumazar dit, que la cóionction
de Iupiter & de Mars monſtre la conſpiratió des
Turcs & des Tartares, qui ſont Gog & Magog.

Item Albumazar au *Mãmaret* des Planetes de-
clare, que toutesfois & quantes que les trois ſu-
perieurs, Saturne, Iupiter & Mars ſe conioignét
en vn certain ſigne, ils'en enſuit des mutations
grandes en la religion.

Plus ſelon l'obſeruation qui a eſté faicte de la
Comette de 72. en comparaiſon de ceſte cy, auſſi
peut on adiouſter celle qui apparut pour la ba-
taille d'Afrique l'an 1577. & ſont toutes trois té-
dantes au poinct du Baſiliſque, auec la direction
de celuy Prince qui l'a dans le Zenith de ſon cer-
cle de poſition, & qui ſemble par la reduction
de ceſte preſente comette deuoir reuenir en ſon
entier, veu qu'elle retrograde & ſe ramene au
principe de ſa reuolution: Et y aura grand merueille en l'aſſiſtance que les peuples apporterót
à ce Prince, pour ſe remettre, d'autant que toutes les planettes paſſent en conionction de ladite comette : Et combien qu'il y a des oppoſites,
& s'y fera de grandes reſiſtances, toutesfois d'autant qu'elle eſt dans la triplicité ignee, qui eſt la

plus forte & de l'element plus actif, ce Prince se desueloppera de toutes ces disgraces, & viendra au dessus de ses affaires.

A 24. degrez & 45. minuttes qui sont 24. ans & neuf mois, il eut Antares estoille fixe de violente nature dans l'Horoscope: & Aldebaran aussi violente fixe dans la septiesme, cause pourquoy il decheut de son entreprise.

Il a eu sa part de fortune en la septiesme par sa racine geniale, qui la sauué de ses ennemis, & l'a doué d'vn courage inuincible: mais d'autant qu'elle est auec les Pleiades dans le Taureau, elle luy a faict encourir de grands inconueniens.

La Lune au Zenith de sa vie luy a faict faire de terribles grandes & variables courses, esquelles toutesfois il a esté heureux par rencontres, & y a acquis du bien par negoces & trafics.

En son dixneufiesme an il faillit d'estre tué par vn Sanglier.

A vingt ans de son age il passa la riuiere qui porte grauier doré à nage, ayant sondé luy mesme vn gué qui ne fut iamais.

En 22. ans il eut vne grande pleuresie.

A 38. ans il a eu soulagement de ses courses, *ex M.C. & Luna ad Iouem.*

L'an 43. il vint à la ville Mer *ex quadrato Mercurij ad Libram longuarum ascensionum quæ reputatur pro trigono,* qui toutesfois la balance de main en main iusqu'à estre citoien de mer en grandes perplexitez.

Il luy est promis par Venus & le Soleil en sextil venans à l'Aries, de sortir de ces peines s'il plaist à Dieu.

Tel est le iugement des grands Astronomes
sur ceste constellation.

*Erurdi de Chipre, & Pirrhu de Cairee, & Aldé
Puimolanéte qui en escriuent ainsi.*

Bien a il diuersité au iugement qu'aucuns ont
faict touchant d'attribuer le Capricorne à la Frā-
ce pour son ascendant: Et soustient l'Autheur de
ceste opinion qu'il est ainsi par Manile Poëte la-
tin, en ses astronomiques: Et que si bien on met-
toit le Sagittaire en la sixiesme maison qui seroit
opposite aux ennemis qui sont en la 12. tous-
jours disent-ils seroit ce empeschement aux ennemis de France, mettant le Cancer pour son
ascendant, côme le mettent Schoner & Virdun-
guen, lesquelles figures se font κατὰ πῆξιν, non
κατὰ πάροδϡν. Autres encor donnent le Lyon a
la France, & ainsi le Sagittaire seroit *in quinta* re-
gardant l'ascendant d'vn trin aspect, qui signi-
fieroit faueur & amitié, tout de mesme qu'en la
figure du monde il seroit en la 9. mettant tousiours l'Aries au *diluculum* de la France: Mais
Prolemee resoult ces diuersitez par ceste distin-
ction que la Gaule Lyonnoise a l'Aries: la Celti-
que a le Lyon: & la Belgique le Sagittaire. Tant
y a qu'il est question d'vne grande impression
qui pourra arriuer lors que Dieu en voudra
permettre les effects: car le tout depend de sa
bonne volonté. En fin tous sont d'accord que
ceste comette (selon aucuns) ou estoille nouuelle (selon les autres) est pour faire de grands chan-
gemenes: Et que partant nous deuons nous hu-
milier deuant Dieu & amender nos vies pour
obtenir deliurance de toutes calamitez & mise-

res qui nous pourroient furprendre : & ce fai-
fant nous aurons repos & contentement en nos
ames par la grace de Dieu, Amen.

Cenfura de nouis ftellis.

Haly & Abenragel, lefquels *frater perfcrutator*
fuit en fon traicté *de Generatione Cometarum &*
ftellaru̅ fecundarum difcurrentium, dit nommément
que les eftoilles rondes qui fe font en l'air fans
queuë, fe nomment Aſſub, dont l'interpretatio̅
eſt aux arcanes des *Ietfiroth,* c'eſt à dire formations: où il eſt dit par Auenezra, que chacun
planette faict en fon Mamareth touſiours vne
formation excellente par deſſus toutes les autres
precedentes productions vniuerſelles. Comme
ils difent que Sanfon a eſté de l'aſſub du Soleil, &
ainſi des autres: Ils entendent cela (comme ils
difent) à caufe des difpofitions inferieures, refe-
rant touſiours l'honneur à la caufe fuperieure,
qui eſt Dieu. Suiuant cela auſſi Almadel mon-
ftre fur la reflexion de la fphere neufiefme, &
premier mobile auec le firmament, eſtant leurs
cours differents l'vn de l'autre que telles aſſubes
ou formations fe font entre ces deux grands
corps celeftes, & pourtant qu'ils font de fubſtan-
ce fubtiliſſime : ils ne peuuent auoir queuë ny
cheueleure ny barbe, comme les productions
des Cometes, Pogonats & Syrmates qui font les
trois productions des planettes que nous appel-
lons communement toutes Cometes.

Ils inferent encore que touſiours les aſſubes fi-
gnifient nouuellemens de chofes qui n'auroient
point eſté auparauant.

Les autres Commentateurs des Arabes difent

que chacun grand eſtat a ſon eſtoille en ſon aſcendant, & auſſi les grands hommes, ſelon leur
eſleuation, & ayant eſgard aux degrez puteals &
tenebreux en comparaiſon des lucides, & ainſi en
iugent.

Ils tirent cela de la prophetie de *Balaam*, di-
ſant *Orietur ſtella* &c. Or Lucius Bellantius &
Gabriel Pirouanus *de Aſtrologica veritate* decla-
rent eux-meſmes que ces diſcours ſont ſubiects
à grandes preuues : Et adiouſtent auſſi que Ptolemee n'a faict aucun eſtat de toutes telles parti-
cularitez.

Partant, il faut reuenir à ce que dit le Prophete Ieremie, *Nolite metuere à ſignis cœli, ſicut gentes
faciunt quæ ignorant Deum.* Ce pendant auſſi noſtre Seigneur nous admonneſte que *erunt ſigna in
ſole & luna & ſtellis, & virtutes cœlorum mouebun-
tur.* Tellement que laiſſant toutes ces opiniós
à part, il faut craindre Dieu, & faire bien, nous
conuertir & reformer de nos mauuaiſes condi-
tions & de nos deſbauches, & ſur tout des re-
muëmens d'affaires que pluſieurs entreprennét,
au meſpris & contemnement des puiſſances ſuperieures, auſquelles Dieu nous commande d'e-
ſtre obeiſſants en toute humilité & reuerence.
Dieu conſerue le Roy, & le maintienne en toute proſperité, longue & heureuſe vie. Amen.

BIBLIOTHÈQUE DE L'ARSENAL